BEI GRIN MACHT SICH IHR WISSEN BEZAHLT

- Wir veröffentlichen Ihre Hausarbeit, Bachelor- und Masterarbeit

- Ihr eigenes eBook und Buch - weltweit in allen wichtigen Shops

- Verdienen Sie an jedem Verkauf

Jetzt bei www.GRIN.com hochladen und kostenlos publizieren

Monarch und Militär. Das Verhältnis der preußischen Herrscher zur Armee

Fabian Uhl

Bibliografische Information der Deutschen Nationalbibliothek:

Die Deutsche Nationalbibliothek verzeichnet diese Publikation in der Deutschen Nationalbibliografie; detaillierte bibliografische Daten sind im Internet über http://dnb.d-nb.de abrufbar.

ISBN: 9783346505651
Dieses Buch ist auch als E-Book erhältlich.

© GRIN Publishing GmbH
Nymphenburger Straße 86
80636 München

Druck und Bindung: Books on Demand GmbH, Norderstedt Germany
Gedruckt auf säurefreiem Papier aus verantwortungsvollen Quellen

Das vorliegende Werk wurde sorgfältig erarbeitet. Dennoch übernehmen Autoren und Verlag für die Richtigkeit von Angaben, Hinweisen, Links und Ratschlägen sowie eventuelle Druckfehler keine Haftung.

Das Buch bei GRIN: https://www.grin.com/document/1130638

Inhaltsverzeichnis

1. Einführung in das Thema

Bei den Stichwörtern Monarch, Preußen und Militär denken vermutlich die meisten Menschen an Friedrich II., genannt der Große. Unter seiner Herrschaft wurde zwar der Grundstein für den endgültigen Aufstieg Preußens zu einer (militärischen) Großmacht gelegt, die eigentliche Entwicklung zu einer Militärmacht ersten Ranges aber wurde unter den preußischen Herrschern des so genannten „langen Jahrhunderts" (1789-1914) vollzogen.

Wie der Hauptmann von Köpenick eindrucksvoll demonstriert hat, war Preußen ein Militärstaat und dieser militärische Charakter des Staates wurde zwischen den Regierungszeiten Friedrich Wilhelms II. und Wilhelms II. noch ausgebaut. So gab Preußen zum Beispiel unter Friedrich Wilhelm II. in den Jahren 1787/88 fast zwei Drittel seiner Einnahmen für militärische Zwecke aus[1]. Das führte natürlich zu einer engen Bindung des Militärs an das Staatsoberhaupt und den Oberbefehlshaber der Armee, den Monarchen.

Allgemein kann man konstatieren, dass Preußen seine Stellung als Großmacht nur dem Schwert verdankte und diese auf die gleiche Weise wieder verlieren konnte[2]. Deshalb waren die Beziehungen von Monarch und Armee in Preußen von entscheidender Bedeutung für den Fortbestand des Staates.

Im Folgenden soll dieses Verhältnis näher beleuchtet werden. Erster Teil der Betrachtung sind die persönlichen militärischen Fähigkeiten und Kriegserlebnisse der Herrscher, ihre militärische Ausbildung und ihre Rolle als Oberbefehlshaber der preußischen/deutschen Armee. Dem folgt eine Analyse der Beziehungen der Institutionen der höchsten militärischen Führungsspitze, dem Kriegsministerium, dem Militärkabinett und dem Generalstab, und der „inoffiziellen Militärführung" Preußens, dem militärischen Gefolge, zu den Monarchen. Zuletzt soll ein Blick auf die Beteiligung von Monarchen an Reformen innerhalb der preußischen Armee geworfen werden, namentlich die preußischen Heeresreformen zwischen 1807 und 1815 und die Heeresreorganisation 1859/60.

Da die preußische/deutsche Marine und damit auch ihre Führungsspitze erst unter Wilhelm II. ein wirklich bedeutender Teil der Streitkräfte wurde, soll sie in dieser Arbeit vernachlässigt werden. Auch die 99-tägige Regierungszeit Friedrichs III. wird im Folgenden außen vor

---

[1] David E. Barclay, Friedrich Wilhelm II., in: Frank-Lothar Kroll (Hrsg.), Preußens Herrscher. Von den ersten Hohenzollern bis Wilhelm II., München 2000, S. 190.
[2] Jürgen Angelow, Wilhelm I., in: Frank-Lothar Kroll (Hrsg.), Preußens Herrscher. Von den ersten Hohenzollern bis Wihelm II, München 2000, S. 245.

gelassen, da sie zu kurz war, um aus ihr Schlüsse bezüglich des Verhältnisses des Königs zum Militär zu ziehen.

2. Persönliche militärische Fähigkeiten und Kriegserlebnisse der Monarchen

2.1. Militärische Ausbildung

Jeder der preußischen Monarchen des 19. Jahrhunderts und davor erfuhr eine umfassende und ausführliche militärische Ausbildung. Alle späteren Herrscher hatten bereits in sehr jungen Jahren (mit etwa sechs Jahren) neben einem „zivilen" auch einen militärischen Erzieher. Bezeichnenderweise erhielten alle preußischen Prinzen ab ihrem zehnten Geburtstag den Rang eines Secondeleutnants in einer der Gardeeinheiten Preußens und nahm sogar, nach seinen kindlichen Möglichkeiten, am Exerzieren der Truppe teil. Die preußischen Könige waren aufgrund ihrer Familientradition und Erziehung Soldaten von Jugend an, allerdings im Fall von Friedrich Wilhelm III. und Friedrich Wilhelm IV. im Sinne einer strengen Selbstzucht und nicht mit dem Verlangen nach eigenem kriegerischem Ruhm[3]. Die eigentliche militärische Ausbildung erfolgte in einem der preußischen Garderegimenter. Später erhielten die preußischen Prinzen ein Kommando über eine militärische Einheit und damit die Möglichkeit, ihr theoretisches Wissen auch in der Praxis anzuwenden, sowohl im Manöver als auch im Krieg.

Bis auf Friedrich I. und Wilhelm II. erlebten alle preußischen Monarchen Kampfhandlungen aus direkter Nähe, was jeden von ihnen entscheidend prägte und zumindest bei Friedrich Wilhelm III. und Friedrich Wilhelm IV. zu kritischen Reflexionen über den Krieg an sich, bei letzterem sogar zu einer Abscheu allem Militärischen gegenüber, und einer ausgesprochenen Friedensliebe führte[4].

Alle preußischen Prinzen waren zusätzlich fast täglich von Soldaten umgeben, da bei hohen Festmählern immer Militärs anwesend waren.

Mit Ausnahme von Friedrich Wilhelm IV. war die Regierungszeit der preußischen Monarchen geprägt von Kriegshandlungen, dem 1. Koalitionskrieg (1792-1797) unter

---

[3] Paul Habermann/Gisela Habermann, Friedrich Wilhelm III. König von Preußen, im Blick wohlwollender Zeitzeugen, Schernfeld 1990, S. 33.
[4] Walter Bußmann, Zwischen Preußen und Deutschland. Friedrich Wilhelm IV. Eine Biographie, Berlin 1990, S. 58/59/277/441; Winfried Baumgart, Friedrich Wilhelm IV., in: Frank-Lothar Kroll (Hrsg.), Preußens Herrscher. Von den ersten Hohenzollern bis Wilhelm II., München 2000, S. 222; Habermann, Friedrich Wilhelm III., S. 33.

Friedrich Wilhelm II., dem 4. Koalitionskrieg (1806/07) und den Befreiungskriegen (1813-1815) unter Friedrich Wilhelm III., dem deutsch-dänischen Krieg (1864), dem deutsch-österreichischen Krieg (1866) und dem deutsch-französischen Krieg (1870/71) unter Wilhelm I., und dem 1. Weltkrieg (1914-1918) unter Wilhelm II.

Friedrich Wilhelm II. war militärisch nicht unbegabt. Er war ein tapferer Soldat und guter Truppenführer, jedoch fehlte ihm die Kraft, seine Überzeugungen gegen Widerstände durchzusetzen [5]. Friedrich Wilhelm III. war militärisch interessiert aber auf strategisch-operativem Gebiet nur durchschnittlich begabt. Friedrich Wilhelm IV. wurde von seiner Umgebung und der Geschichtsschreibung oftmals Sinn und Begabung für das eigentlich Militärische abgesprochen, obwohl seine Manöverkritiken von Fachleuten als gebildet und sogar geistreich bezeichnet wurden[6].

Wilhelm I. ist der einzige Monarch, dem neben einer großen Begeisterung für alles Militärische (Manöver, Paraden, das Entwerfen von Uniformen), die er mit Wilhelm II. teilte, auch militärische Begabung zugeschrieben wird. Er wird als der „Soldatenkönig", geborener Infanterist und militärischer Fachmann mit nüchternem Blick bezeichnet und begriff seine Funktion als Staatsoberhaupt in erster Linie als militärischer Führer[7]. Schon in kindlichem Alter entwickelte er in militärischer Hinsicht großes Interesse. Er wurde von seinem militärischen Erzieher zu einem passionierten Soldat erzogen, was angesichts der damaligen äußeren Umstände, nach den katastrophalen Niederlagen von Jena und Auerstedt, eine Lebensfrage für die preußische Monarchie war. Wilhelm II. begeisterte sich ebenfalls für alles Militärische, war aber auf organisatorischem, strategischem und taktischem Gebiet eher durchschnittlich begabt.

2.2. Der Monarch als Oberbefehlshaber

In der frühen Rechtslehre wurde der Begriff des Oberbefehls relativ eng ausgelegt und im Wesentlichen nur auf den Kriegsfall, die Truppenleitung u.a.m. bezogen, also auf die Kommandobefugnis im engen Sinne. Allmählich setzte sich dann die Identifizierung von Oberbefehl und Militärhoheit durch. Die gelegentlich als „rein militärisch" apostrophierte, extrakonstitutionelle Kommandogewalt der Krone war außerdem eine sehr wirksame

---

[5] Wilhelm Moritz von Bissing, Friedrich Wilhelm II., König von Preußen. Ein Lebensbild, Berlin 1967, S. 168.
[6] Bußmann, Preußen und Deutschland, S. 367.
[7] Wiegand Schmidt-Richberg, Die Regierungszeit Wilhelms II., in: Militärgeschichtliches Forschungsamt, Handbuch der deutschen Militärgeschichte 1648-1938, Band V, Von der Entlassung Bismarcks bis zum Ende des Ersten Weltkriegs. 1890-1918, München/Freiburg 1964-1979, S. 61; Franz Herre, Kaiser Wilhelm I. Der letzte Preuße, Köln 1980, S. 100.

innenpolitische Waffe[8]. Der König konnte mit ihrer Hilfe umstrittene Maßnahmen, vor allem gegenüber dem Parlament, durchsetzen. Ein Handbillet Friedrich Wilhelms IV. vom 1. Juli 1849 erweiterte den Umfang des Begriffs Oberbefehl wesentlich, so dass er gegenüber der Kommandogewalt der umfassendere Begriff wurde.

Als Herrscher waren die preußischen Könige die Inhaber der so genannten Kommandogewalt. Dass heißt sie waren ermächtigt, allein über Organisation, Ausbildung, Disziplin, Personalpolitik und Einsatz der militärischen Machtmittel zu entscheiden und waren formal Oberbefehlshaber der preußischen Armee, seit 1871 im Kriegsfall auch der deutschen Streitkräfte. Auch nach der Oktroyierung der preußischen Verfassung 1849/50 führte der König gemäß Artikel 44 der Verfassungsurkunde (und gemäß Artikel 46 der revidierten Verfassung von 1850) „[...] den Oberbefehl über das Heer", den Kammern war jede „Leitung des Heeres entzogen"[9]. Akte der Kommandogewalt waren von der Gegenzeichnungspflicht und Ministerverantwortlichkeit ausgenommen. Während der Revolution 1848/49 gab es Versuche des Ministeriums Camphausen, die Kommandogewalt einzuschränken und Friedrich Wilhelm IV. dazu zu bringen, sich künftig in Militärangelegenheiten nicht mehr direkt mit den Kommandierenden Generalen in Verbindung zu setzen, sondern Anordnungen durch das Kriegsministerium erteilen zu lassen. Dies hätte das Ende der Militärmonarchie alten Stils bedeutet und damit einen wesentlichen Schritt in Richtung auf den Einbau der Armee in den Verfassungsstaat. Der König vertrat jedoch die Auffassung, in Preußen müsse die volle königliche Autorität in Militärangelegenheiten beibehalten werden. Ohne die absolute Einheit von König und Armee sei diese Autorität nicht denkbar. Ihre Einschränkung bedeute das Todesurteil für Preußen nach innen wie nach außen[10]. Vor diesem Hintergrund gab es seit der Revolution von 1848/49 immer wieder Versuche des Königs und führender Militärs, die Kommandogewalt des Monarchen nach altpreußischer Art abzusichern, was ihnen auch gelang. Letztendlich blieb die uneingeschränkte Kommandogewalt des Königs unangetastet. Auch die weiter unten noch zu behandelnde „Zerschlagung" der zentralen militärischen Kommandobehörde, dem Kriegsministerium, unter Wilhelm I. muss vor dem Hintergrund der Sicherung der königlichen Kommandogewalt, vor allem bezüglich einer parlamentarischen Einflussnahme, gesehen werden.

---

[8] Wilhelm Deist, Kaiser Wilhelm II. als Oberster Kriegsherr, in: John C. G. Röhl (Hrsg.), Der Ort Kaiser Wilhelms II. in der deutschen Geschichte, München 1991, S. 31/32.
[9] Manfred Messerschmidt, Die politische Geschichte der preußisch-deutschen Armee, in: Militärgeschichtliches Forschungsamt, Handbuch der deutschen Militärgeschichte 1648-1938, Band IV, Militärgeschichte im 19. Jahrhundert. 1814-1890, Erster Teil, München/Freiburg 1964-1979, S. 166.
[10] Messerschmidt, Politische Geschichte, S. 144.

Mit demselben Ziel, und um seine Befehlsgewalt unmissverständlich und unmittelbar deutlich zu machen, hat Wilhelm II. die Zahl der Immediatstellen in Armee und Marine ganz erheblich gesteigert[11]. Er weitete das Prinzip der Kommandogewalt zu dem weitest möglichen Extrem aus und benutzt seine Befehlsgewalt über die Armee, um seine eigene Position als Herrscher zu stärken. Letzteres kann man bei allen preußischen Monarchen beobachten, jedoch stellten die Maßnahmen des letzten deutschen Kaisers und Königs eine neue Dimension dar.

Es ist interessant, dass keinem der preußischen Herrscher seit Friedrich II., anders als diesem, überragende Feldherrneigenschaften zugeschrieben werden, wobei jedoch keiner von ihnen, wie oben angeführt, als militärisch völlig unfähig beschrieben wird

Im Krieg delegierten die preußischen Monarchen den Oberbefehl über die Krieg führenden Truppen praktisch immer, offiziell oder de facto, an hohe Militärs. Friedrich Wilhelm II., der sich in der Position des Feldherrn niemals heimisch zu fühlen vermochte, wobei er sich nicht vor den ihm auferlegten Verantwortungen scheute, die ihm während des Siebenjährigen Krieges, des Bayerischen Erbfolgekrieges und den langandauernden Kriegshandlungen in seiner Regierungszeit erwachsen waren, ernannte im Zuge des 1. Koalitionskrieges Herzog Karl Ludwig Ferdinand von Braunschweig zum Oberbefehlshaber des preußischen Heeres und dieser arbeitete auch, zusammen mit dem österreichischen General Fürst zu Hohenlohe-Kirchberg, den militärischen Operationsplan aus[12].

Friedrich Wilhelm III., der sich offensichtlich den strategischen Entscheidungen des Feldzuges nicht gewachsen fühlte, ernannte angesichts des 4. Koalitionskrieges ebenfalls den Herzog von Braunschweig zum Oberbefehlshaber, zog den Oberbefehl auch nach dessen tödlicher Verwundung nicht an sich, was zu Konfusion innerhalb der Armee führte und deren Desorganisation noch verstärkte, und versäumte es sogar, einen neuen Armeebefehlshaber zu ernennen.

Friedrich Wilhelm IV. ist der einzige preußische Monarch des langen 19. Jahrhunderts, unter dessen Führung Preußen in keinen großen Krieg verwickelt war. Dies ist sicherlich zum Teil seiner ausgeprägten Friedensliebe geschuldet, da er aufgrund seiner Kriegserlebnisse in den Befreiungskriegen, in welchen er an vorderster Front gewesen war und das Leid der Verwundeten und Sterbenden aus nächster Nähe miterlebt hatte, seinem Volk einen Krieg ersparen wollte[13]. Somit kann man also feststellen, dass die Monarchen einen gewissen Entscheidungsspielraum bezüglich einer Wahl zwischen Krieg und Frieden hatten, da es in

---

[11] Röhl, Kaiser, S. 30.
[12] Kroll, Herrscher, S. 183.
[13] Bußmann, Preußen und Deutschland, S. 58/59/277/441.

der Regierungszeit Friedrich Wilhelms IV. durchaus Krisen gab, die Preußen in einen Krieg hätten hineinziehen können, beziehungsweise Kriege geführt wurden, so zum Beispiel der Krimkrieg, an denen sich Preußen hätte beteiligen können.

Unter Wilhelm I. führte der preußische Generalfeldmarschall Graf Friedrich Heinrich Ernst von Wrangel den Oberbefehl über die preußisch-österreichischen Truppen im deutsch-dänischen Krieg. Im Deutschen Krieg erhielt der Chef des Generalstabes des Feldheeres, Generalmajor Helmuth Karl Bernhard von Moltke, die Vollmacht, im Namen des Königs Befehle eigenverantwortlich zu erlassen. Erstmals in der preußischen Militärgeschichte übernahm der Generalstabschef für die Kriegsdauer, unter der königlichen Kommandogewalt, das tatsächliche Oberkommando über die Feldarmee. Wilhelm I. griff teilweise lenkend in das Kriegsgeschehen ein, jedoch war Moltke der geistige Vater des preußischen Aufmarsches und aller strategisch-operativen Entscheidungen. Er hat die erfolgreiche Durchführung des Feldzuges tatkräftig durch schnelle und richtige Entschlüsse und Befehle bis zur vollen Gewissheit des Sieges gewährleistet und war damit „zum bedeutendsten Feldherrn seiner Zeit emporgestiegen"[14]. Im deutsch-französischen Krieg war Wilhelm I. formal Oberbefehlshaber der Truppen des Norddeutschen Bundes und, gemäß bestehender Allianzverträge, der süddeutschen Staaten, überließ jedoch die oberste Leitung bei allen strategischen Operationen erneut dem Generalstabschef Moltke. Allerdings griff der „greise Heldenkönig" in die Anfangsschlachten teilweise persönlich ein und verursachte durch befohlene Frontalangriffe sinnlose Verluste. Dies muss jedoch zum Teil seinem fortgeschrittenen Alter zugeschrieben werden.

Wilhelm II. ist wohl das extremste Beispiel für die Diskrepanz zwischen formalem und tatsächlichem Oberbefehl über die preußischen/deutschen Streitkräfte im Kriegsfall. Schon zu Beginn des 1. Weltkriegs übte er das Amt des Obersten Feldherrn nur nominell aus und trat in der zweiten Hälfte des Krieges militärisch vollends in den Hintergrund. Gemäß den allgemeinen Mobilmachungsbestimmungen leitete von Anfang an der Generalstabschef des Feldheeres (zunächst Helmuth von Moltke, dann Erich von Falkenhayn und bis zum Ende des Krieges Paul von Hindenburg/Erich Ludendorff) in seinem Namen die Landkriegsoperationen und holte vor wichtigen Entschlüssen seine Zustimmung ein. Wilhelm II. ließ ihm jedoch große Freiheit und vermied Eingriffe, so dass der Generalstabschef zu der absolut ausschlaggebenden Persönlichkeit für die Kriegführung wurde[15]. Wilhelm II. wurde auf dem Gebiet der strategischen wie operativen Planung seiner Funktion als Oberster Kriegsherr nicht

[14] Siegfried Fiedler, Kriegswesen und Kriegführung im Zeitalter der Einigungskriege, in: Georg Ortenburg (Hrsg.), Heerwesen der Neuzeit, Abteilung IV, Das Zeitalter der Einigungskriege, Band 2, Bonn 1991, S. 231.
[15] Schmidt-Richberg, Regierungszeit, S. 61.

gerecht. Von einer dominierenden oder gar wegweisenden Einflussnahme des Monarchen auf das Geschehen kann nicht mehr die Rede sein. Spätestens seit Beginn des 1. Weltkriegs kann man sogar von einem „Schattenkaiser" sprechen[16].

Entgegen der vorherrschenden Meinung gehörte Wilhelm II. in den Entscheidungsstunden des Juli/August 1914 zu jenen, die innerhalb der deutschen Führungsspitze am stärksten vor einem großen Krieg zurückschreckten. Es waren das militärische Gefolge und vor allem der Generalstab, die ihren Einfluss auf Wilhelm II. geltend machten und auf Krieg drängten.

Bezüglich des Entscheidungsspielraums Wilhelms II. und aller preußischen Monarchen des 19. Jahrhunderts muss man feststellen, dass diese als Staatsoberhaupt, Inhaber der Kommandogewalt und Oberster Befehlshaber der preußischen Streitkräfte völlig allein und souverän über den Einsatz militärischer Mittel entscheiden konnten. Mangelnde militärische und politische Fähigkeiten und unzureichendes Wissen der Herrscher führten jedoch dazu, dass dieser Entscheidungsspielraum de facto teilweise eingeschränkt war.

3. Der Monarch und die preußische/deutsche Armee

Alle preußischen Monarchen seit Friedrich II. bedurften, anders als dieser, der Beratung durch ihre Offiziere, besonders, wie oben beschrieben, im Felde[17]. Die tatsächliche Ausübung des persönlichen Oberbefehls über die bewaffnete Macht durch den König war wegen dessen Beanspruchung in Regierungsgeschäften und sonstigen Abhaltungen praktisch nicht mehr zu verwirklichen. Deshalb bediente sich der Monarch hierzu der so genannten Immediatstellen, zu denen im Großen und Ganzen die hohe Generalität der Armee rechnete. Diese militärischen Führungsspitzen waren für ihren Geschäfts- oder Kommandobereich ganz oder teilweise dem König unterstellt und hatten das Recht des Immediatvortrages bei ihm, dass heißt die Befugnis, Eingaben unmittelbar an den König zu richten, um seine Entscheidung in wichtigen Angelegenheiten zu erwirken. Institutionell setzte sich die militärische Führungsspitze Preußens aus dem Generalstab, dem Militärkabinett und dem Kriegsministerium zusammen.

Nach der Revolution von 1848/49 ging es den Monarchen um die möglichste Autarkie der Streitkräfte vom Parlament. So entwickelte sich die preußische Armee nach und nach zum

---

[16] Röhl, Kaiser, S. 25/26.
[17] Rainer Wohlfeil, Vom stehenden Heer des Absolutismus zur Allgemeinen Wehrpflicht. 1789-1814, in: Militärgeschichtliches Forschungsamt, Handbuch der deutschen Militärgeschichte 1648-1938, Band 2, München/Freiburg 1964-1979, S. 85.

extrakonstitutionellen Organ des Monarchen[18]. Die militärischen Vollmachten des Monarchen erweiterten sich sogar noch, da der Bereich der Kommandogewalt, der von der Gegenzeichnungspflicht ausgenommen war, ausgedehnt wurde und der Generalstab als militärisches Planungsorgan dem Herrscher nun direkt unterstand. Die Kommandierenden Generale waren von Beginn an in Kommandoangelegenheiten und Truppenführung unmittelbar und ausschließlich dem Monarchen unterstellt.

3.1. Die „Maison militaire"

Als Kriegsminister Roon 1869 im Norddeutschen Reichstag sagte, „Preußen ist ein Militärstaat"[19], drückte er das Wesen des preußischen Staates unmissverständlich aus. Natürlich besaß auch der preußische Hof einen überwiegend militärischen Charakter, Hofmilitärs waren allgegenwärtig[20]. Jeder der preußischen Monarchen hatte am Hof ein militärisches Gefolge um sich, welches sich aus der Gesamtheit aller Militärs mit Immediatvortragsrecht zusammensetzte. Diesem „Maison Militaire" gehörten die Generaladjutanten - im Generalsrang stehende, wichtigste persönliche militärische Gehilfen des Monarchen zur Wahrnehmung seiner Funktion als Oberbefehlshaber der Armee -, die Flügeladjutanten - Offiziere und Führungsgehilfen im persönlichen Dienst des Monarchen des Königs, meist noch in niederem Offiziersrang - und die Generale a la suite (= „im Gefolge") – die ebenfalls direkt dem Kaiser zuarbeiteten und wozu vor allem Fürstlichkeiten sowie adlige Offiziere und Generale ernannt wurden -, an. Das militärische Gefolge übte auf alle preußischen Könige großen Einfluss aus. Die beiden Chefs des Militärkabinetts und des Generalstabs erhielten erst 1883 das Recht des Immediatvortrags.

Unter Wilhelm II. wurde der alte Name Maison Militaire aufgegeben. An seine Stelle trat das am 7. Juli 1888 gegründete „Hauptquartier Seiner Majestät des Kaisers und Königs". Dadurch wurde der, allerdings nur schwer in seiner Gesamtheit zu erfassende, Einfluss des militärischen Gefolges noch verstärkt[21]. Zu Beginn von Wilhelms II. Regentschaft besaß die Maison Militaire, anders als bei seinen Vorgängern, praktisch keinen Einfluss, was sich jedoch einige Jahre später ins Gegenteil kehren sollte[22]. Der ungarische Botschafter Szechenyi

---

[18] Messerschmidt, Politische Geschichte, S. 295.
[19] Karl-Heinz Börner, Kaiser Wilhelm I. 1797-1888. Deutscher Kaiser und König von Preußen. Eine Biographie, Köln 1984, S. 253.
[20] Röhl, Wilhelm II., S. 196/197.
[21] Wilhelm Deist, Militär, Staat und Gesellschaft,. Studien zur preußisch-deutschen Militärgeschichte, München 1991, S. 20.
[22] Röhl, Wilhelm II., S. 197/198.

analysierte 1889 bezüglich der militärischen Umgebung des Kaisers völlig richtig: „Indeß bleibt dieser nächsten Umgebung des Monarchen immerhin noch in den Fällen, wo dieselbe befragt wird, ein hinlänglicher Spielraum um einen nicht unbedeutenden Einfluss auszuüben […]"[23]. Es gab bis zur Jahrhundertwende und darüber hinaus stets eine Einwirkung der oft kritisierten „Flügeladjutantenpolitik" auf den Monarchen und damit auf wesentliche Fragen der Organisation und der inneren Struktur der Armee sowie auf bestimmte innenpolitische Probleme.

3.2. Das Kriegsministerium

Das preußische Kriegsministerium wurde 1809 im Zuge der preußischen Heeresreformen (1807-1815) offiziell gegründet, um eine einheitliche und umfassende militärische Befehlsgewalt sicherzustellen, respektive eine zentrale Führung und Verwaltung der Armee zu garantieren, da vor allem die Vergrößerung des Heeres und die sich verkomplizierende Kriegführung dies unabdingbar machten. Sein Vorgänger, das Oberkriegskollegium, war bereits 1787 von Friedrich Wilhelm II. ins Leben gerufen worden, war aber eine jeder Machtvollkommenheit entbehrende Schreibbehörde, da sich der König in allem die Entscheidung vorbehielt. Das spätere Kriegsministerium jedoch nahm bis zu den Einigungskriegen eine klare Primatstellung in der militärischen Hierarchie ein[24]. In einer Kabinettsorder vom 25. Dezember 1808 hieß es, „[z]um Geschäftskreis des Kriegsdepartements gehört alles was auf das Militär, dessen Verfassung, Errichtung, Erhaltung und den von solchem zu machenden Gebrauch Bezug hat"[25]. Seine Errichtung verlief nicht ohne Widerstände, da Friedrich Wilhelm III. fürchtete, dass damit sein unmittelbarer Oberbefehl über die Armee eingeschränkt werden würde und somit sein persönliches Verhältnis zu dieser leiden könnte, wenn ein Zentralorgan für das Militärwesen errichtet und vor allem ein Fachminister ernannt wurde[26]. Deshalb wurden die Kompetenzen des Kriegsministeriums auf Betreiben des Königs eingeschränkt und zunächst von diesem auch kein Kriegsminister ernannt. Das gesamte Personalwesen der Offiziere blieb kraft preußischer Tradition Domäne des Königs, die Bestallungs- und Beförderungsordern ergingen nur auf Allerhöchsten Befehl und die Generalstabsoffiziere verkehrten direkt mit dem Monarchen, obwohl der Kriegsminister formal ihr Vorgesetzter war.

---

[23] Röhl, Wilhelm II., S. 211.
[24] Schmidt-Richberg, Regierungszeit, S. 63.
[25] Wohlfeil, Vom stehenden Heer, S. 113.
[26] Wohlfeil, Vom stehenden Heer, S. 111.

Die Reformer begnügten sich also mit der Schaffung einer Zentralinstanz unterhalb der königlichen Kommandogewalt. Somit konnte sich der Kriegsminister von Anfang an nur als abhängiger Platzhalter neben einem Monarchen fühlen, der nicht nur Oberbefehlshaber der Armee sein wollte, sondern tatsächlich auch dessen Funktionen war zu nehmen gedachte[27]. Der König war auch nach dem Untergang der friderizianischen Form der preußischen Militärmonarchie der erste Soldat, Oberster Kriegsherr in Frieden und Krieg und jederzeitiger Inhaber der Kommandogewalt. Das Verhältnis des Kriegsministeriums zum Monarchen war wie folgt bestimmt: „Es [das Kriegsministerium] erhält S. M. [Seine Majestät] in der genauesten Übersicht des gesamten Militärwesens nach allen einzelnen Zweigen durch mündliche und schriftliche Rapporte nach einer besonderen Instruktion. Dagegen hat es auch den Vortrag in allen Sachen, die an des Königs Majestät gelangen und auf das Militärwesen Bezug haben, und alle offiziellen Schreiben, Resolutionen, und Befehle an die Armee und einzelne erfolgen, insoweit sie nicht in seinem eigenen Namen erlassen werden, wenigstens in seinem Vortrag, damit es die vollständigste Übersicht habe und für die Ordnung das Ganzen verantwortlich sein könne"[28]. Der König forderte vom Kriegsdepartement „genaueste Übersicht des gesamten Militärwesens" und alle Immediateingaben sollten nur über das Kriegsdepartement zur Kenntnis des obersten Kriegsherrn gelangen, damit das Ministerium „für die Ordnung des Ganzen verantwortlich sein könne"[29]. Formal war es zuständig für Kommando-, Generalstabs-, Personal- und Verwaltungsangelegenheiten, ihm waren also das gesamte Militär und alle Militärsachen unterstellt, mit Ausnahme der Kommandierenden Generale im Kriegsfall. Diese Einschränkung bedeutete, dass der König als Oberfeldherr mit seinen Feldherren und Befehlshabern direkt verkehrte, obwohl der Kriegsminister formal Vorgesetzter der Generalstabsoffiziere war, da der Generalstab dem Kriegsdepartement als 2. Division eingegliedert war. 1814 wurde schließlich erstmals ein Kriegsminister ernannt. Alle Kriegsminister besaßen das Recht des Immediatvortrages.

Da der Kriegsminister seit der Revolution von 1848/49 durch seinen auf die Verfassung abgelegten Eid in einer gewissen konstitutionellen Abhängigkeit stand - er durfte als Minister nach der preußischen wie nach der Reichsverfassung Anordnungen und Befehle nicht ausführen, die er als nicht vereinbar mit den Gesetzen und der Verfassung ansah und war somit der einzige staatsrechtlich verantwortliche Ratgeber der Krone in Militärangelegenheiten und Vertreter des Heeres im Reichstag -, versuchten Friedrich Wilhelm IV. und die Militärkamarilla, das Kriegsministerium auf die Heeresverwaltung zu

---

[27] Messerschmidt, Politische Geschichte, S. 288.
[28] Messerschmidt, Politische Geschichte, 289.
[29] Wohlfeil, Vom stehenden Heer, S. 112.

beschränken und damit die königliche Kommandogewalt jeder parlamentarischen Einflussnahme zu entziehen. Später arbeiteten Wilhelm I. und viele hohe Militärs, hier seien vor allem der Chef des Militärkabinetts, Albedyll, und Alfred Graf von Waldersee erwähnt, weiter darauf hin, das Kriegsministerium in Armeeangelegenheiten auf Verwaltung und Mitarbeit bei der Gesetzgebung zu beschränken, da ihm in Kommandoangelegenheiten eine Einwirkung irgendwelcher Art nicht zustehe. Der Kriegsminister, dessen Funktionen speziell in der Stellung zwischen Krone, Armee und Parlament auf Begrenzungen der monarchischen Gewalt hinwiesen, also auf Abhängigkeiten der Armee von Faktoren neben dem Monarchen und Befehlshaber, sollte hinter die Organe der Kommandogewalt zurücktreten. Der Kriegsminister von Kameke widersetzte sich dieser Entwicklung noch, wohingegen seine beiden Nachfolger, Paul Bronsart von Schellendorf und Verdy du Vernois, bereit waren, im Interesse der Kommandogewalt an der Unterminierung ihrer eigenen Stellung als Kriegsminister mitzuwirken. Vernois erklärte sogar, der Kriegsminister müsse seinem Ministerium gegenüber als „eine Art Selbstmörder...in bezug auf dessen Macht" auftreten[30].

Die nach der Reichsgründung erfolgte Emanzipation des Generalstabes und des Militärkabinetts engte die Zuständigkeit des Kriegsministeriums, hauptsächlich auf das Betreiben Wilhelms I. und Bismarcks hin, schließlich von den achtziger Jahren an bis in den Ersten Weltkrieg hinein auf die Militärverwaltung im weiteren Sinne ein, so dass es im Schrifttum häufig als oberste Militärverwaltungsbehörde bezeichnet wird[31]. Allerdings besagt dieser Ausdruck nur, dass dem Kriegsministerium im Unterschied zu einer Kommandobehörde keine Kommandobefugnisse über die Armee oder Teile derselben eingeräumt waren. In diesem Sinne waren auch der Große Generalstab im Frieden und das Militärkabinett keine Kommandobehörden. Wilhelm I. verfolgte mit der partiellen Entmachtung des Kriegsministeriums die Absicht, die jeder ministeriellen und parlamentarischen Einflussnahme entzogene Kommandogewalt des Monarchen über die Armee auch organisatorisch abzusichern. Wilhelm II. dagegen kam es bei der von ihm noch stärker forcierten Entmachtung des Kriegsministeriums und der Erweiterung der Kompetenzen des Generalstabs und des Militärkabinetts nicht in erster Linie auf eine solche organisatorische Absicherung seiner Kommandogewalt und eine Erweiterung dieser an, sondern auf die höchst persönliche, möglichst umfassende Ausübung dieser Kommandogewalt selbst[32].

---

[30] Messerschmidt, Politische Geschichte, S. 294.
[31] Schmidt-Richberg, Regierungszeit, S. 63.
[32] Deist, Militär, S. 23.

Zum Kriegsminister wurden vom König zumeist Divisionskommandeure ernannt, die sich als Truppenführer bewährt hatten und neben umfassenden militärischen Kenntnissen auch Organisationstalent mitbrachten[33]. Trotz der fortschreitenden Entmachtung des Kriegsministeriums durch Wilhelm II. war dieser der Meinung, dass es immer noch zu mächtig sei und seine „ [...] Omnipotenz [...] gebrochen werden [...]" müsse. Dazu sei nur „ [...] ein Mittel geeignet: größere Decentralisation"[34].

3.3. Der Generalstab

Der Generalstab Preußens wurde ebenfalls im Zuge der preußischen Reformen geschaffen, da, laut Reorganisationskommission, „ein gehörig instruirter, theoretisch und praktisch gebildeter und geübter Generalstab für die Armeen aller Mächte in neueren Zeiten ein unumgänglich notwendiges Bedürfniß geworden"[35] sei und ging aus einer Gruppe von Offizieren hervor, die unter der Bezeichnung des Generalquartiermeisters in der „Suite" Friedrichs des Großen Dienst leisteten und vom König besonders ausgebildet wurden. Die wesentlichen Aufgaben des Generalstabs bestanden im Kriege darin, die Kommandeure höherer Verbände und die Generalität zu beraten, um sie in die Lage zu versetzen, nach den neuen strategischen und taktischen Grundsätzen zu führen, die durch die Heeresreform eingeführt werden sollten, Straßen und Lager auszuwählen, Kolonnen zu führen und einzuweisen und besonders auch im Erkundungs- und Adjutantendienst. Der Generalstab, seit 1817 offiziell so bezeichnet, entwickelte sich rasch zum wichtigsten Organ des Obersten Befehlshabers der preußischen Streitkräfte und war in seiner Funktion als höchste militärische Kommandobehörde zuständig für die Umsetzung von Aufträgen der politischen Führung in militärische Maßnahmen. Zu seinen Aufgaben gehörten unter anderen Mobilmachungs- und Aufmarschplanung, Einsatzplanung und –führung und Logistik, also strategisch-operative Planung und Kriegführung. Seine Herausbildung als feste, rationell gegliederte und nach wissenschaftlichen Methoden arbeitende Einrichtung der Friedens- und Kriegsorganisation des Heeres war vor allem bedingt durch die Entwicklung des Massenheeres und die damit verbundene Kompliziertheit des bewaffneten Kampfes.

Zunächst nahm der Generalstab als 2. Division des Allgemeinen Kriegsdepartements nur einen bescheidenen Platz innerhalb des Kriegsministeriums ein. Der Chef des Generalstabes unterstand nicht nur dem Kriegsminister, sondern auch dem Chef des Allgemeinen

---

[33] Schmidt-Richberg, Regierungszeit, S. 63.
[34] Röhl, Kaiser, S. 209.
[35] Messerschmidt, Politische Geschichte, S. 308.

Kriegsdepartements und war von irgendeiner Einwirkung auf Entscheidungen des Monarchen weit entfernt. Der Generalstab sollte im Krieg zur Befreiung von der napoleonischen Fremdherrschaft die neue, bürgerliche Kriegskunst verwirklichen und eine einheitliche Kriegführung sichern und bewährte sich im nationalen Unabhängigkeitskrieg 1813/14 und im Krieg von 1815, in welchem seine Stabschefs und Stabsoffiziere im Rahmen einer Armee, bei den Korps und Divisionen, tätig waren. Noch gab es jedoch keinen Generalstab der gesamten preußischen Feldarmee, da der König in den Befreiungskriegen den Oberbefehl nicht selbst übernommen hatte. Ein Machtzuwachs erwuchs dem Generalstab 1821, als im Zuge der Neuorganisation der preußischen Armee das Amt des Chefs des Generalstabs der Armee geschaffen wurde, dem alle Generalstabsoffiziere unterstellt waren und der seinerseits nur dem König unterstand. 1837 erfolgte de facto die endgültige Loslösung des Generalstabs vom Kriegsministerium und die Chefstelle des bereits 1825 aus dem Kriegsministerium heraus getrennten Großen Generalstabs, dem ehemaligen Geschäftsbereichs des 2. Departements, ging an den Chef des Generalstabs der Armee über. Von nun an war der gesamte Generalstab ausschließlich dem preußischen König unterstellt. Trotzdem blieb die Bedeutung des Generalstabs eher marginal. Mobilmachung und Dislokation zum Beispiel blieben Sache des Kriegsministeriums.

Einen enormen Machtzuwachs erfuhr der Generalstab nach 1866, im Zusammenhang mit der kriegerischen Lösung der deutschen Frage und dem Eintritt Deutschlands in das Industriezeitalter, als der Chef des Generalstabes das Recht erhielt, im Namen des Königs, des formellen Oberbefehlshabers, den Kommandobehörden des Feldheeres Befehle direkt zu erteilen, dass heißt die Operationen selbst zu leiten. Somit war der Chef des Generalstabs seit 1866 tatsächlicher Leiter der Operationen des Feldheeres im Kriegsfall. In einer Order teilte Wilhelm I. dem damaligen Generalstabschef Moltke mit, dass von nun an seine „[...]Befehle über die operativen Bewegungen der konzentrierten Armee und ihrer einzelnen Teile durch den Chef des Generalstabes der Armee den Kommandobehörden mitgeteilt werden sollen [...]"[36]. Nach den Siegen von 1866 und 1870/71 avancierte der Generalstab zur einflussreichsten Behörde des kaiserlich-deutschen Heeres, er erhielt eine überragende Bedeutung in der Führungsspitze und konnte im Kriege den berechtigten Anspruch erheben, erster und wichtigster Berater des Monarchen zu sein. 1883 erhielt der Chef des Generalstabs Immediatrecht, welches für Moltke faktisch schon seit den Einigungskriegen bestanden

---

[36] Messerschmidt, Politische Geschichte, S. 316.

hatte[37]. Der Generalstab wurde selbständig und dem Monarchen unmittelbar unterstellt, die formal noch bestehende Abhängigkeit vom Kriegsministerium war damit aufgehoben.

1888 war der Generalstab auf dem Zenit seiner Macht, da Wilhelm II. in allen militärischen Entscheidungen auf den von ihm im August 1888 ernannten Alfred Graf von Waldersee hörte und die festgesetzten Ressortverhältnisse missachtete[38].

3.4. Das Militärkabinett

Das Militärkabinett Preußens entstand aus der „1. Division des Allgemeinen Kriegsdepartements" des im Kontext der preußischen Heeresreformen gegründeten Kriegsministeriums und war eine unmittelbar dem Herrscher unterstehende Behörde, deren Direktor jedoch gleichzeitig Untergebener des Chefs des 1. Hauptdepartements des Kriegsdepartements war. Diesem Vorgänger des Militärkabinetts oblag alles, „was auf die persönlichen Verhältnisse der Individuen Bezug hat"[39]. Der Chef der 1. Division des Allgemeinen Kriegsdepartements erhielt bereits 1810 Immediatvortragsrecht, führte im Hinblick auf diese immediate Position seit 1817 die Dienstbezeichnung Generaladjutant und war damit nur noch formell dem Kriegsminister direkt unterstellt. Die Bezeichnung Militärkabinett tauchte erstmals in einer Kabinettsorder vom 3. Juni 1814 auf. Neben seiner Bestimmung als Personalabteilung, die alle Beförderungs- und persönlichen Angelegenheiten der Offiziere bearbeitete, entwickelte es sich zugleich zum Militärkabinett des Monarchen, da ihm auch die Bearbeitung aller Militärangelegenheiten übertragen wurde, die allein der Kommandogewalt des Königs unterworfen waren, also aller beim Monarchen vorliegenden oder von diesem aufgegriffenen Militärsachen. Somit avancierte das Militärkabinett zur Vollzugsbehörde des Königs, was man auch daran sehen kann, dass es seit 1871 „Militärkabinett Seiner Majestät des Kaisers und des Königs" hieß. Sein Chef war nur dem Monarchen verantwortlich und gehörte, da er gleichzeitig Generaladjutant war, zu dessen militärischem Gefolge. Als einziger Militär hatte er wöchentlich mehrmals Vortrag, wohnte fast allen militärischen Immediatvorträgen bei und vermittelte in Kommandoangelegenheiten den Verkehr zwischen Krone und den Militärbehörden. Aus diesen Befugnissen erwuchsen die enorme Machtstellung des Militärkabinetts und sein großer Einfluss auf Wilhelm I. und

---

[37] Militärverlag der Deutschen Demokratischen Republik, Wörterbuch zur deutschen Militärgeschichte, Berlin 1985, S. 234-239; Messerschmidt, Politische Geschichte, S. 308-327.
[38] Röhl, Wilhelm II., S. 207.
[39] Messerschmidt, Politische Geschichte, S. 293.

noch mehr auf Wilhelm II. Isabel Hull bezeichnet das Militärkabinett als „the most conservative institution of the empire"[40].

Eine besondere politische und verfassungsrechtliche Bedeutung erhielt das Militärkabinett nach 1848. Jetzt trat die Sonderstellung dieser Institution voll zu Tage, weil in ihr das Prinzip der reinen Kommandogewalt des Monarchen besonders anschaulich zur Geltung kam. Nun war das Militärkabinett, dem man staatsrechtliche Unverantwortlichkeit bescheinigen muss, für Friedrich Wilhelm IV. zu einer absoluten Notwendigkeit geworden, um seine Grundsätze vom kontrollfreien Oberbefehl zu verwirklichen. Seit der Revolution war es das Credo des Militärkabinetts, das Verhältnis der Armeeführung und des Königs zum Parlament zweitrangig zu behandeln gegenüber der unmittelbaren Beziehung des Monarchen zur Armee. Kritik an den Methoden des Militärkabinetts wurde von dessen Chefs häufig instrumentalisiert und als Kritik an der Kommandogewalt des Königs an sich dargestellt.

Durch eine Kabinettsorder Kaiser Wilhelms I. vom 8. März 1883 war das Militärkabinett zu einer Immediatstelle erhoben worden, wurde aus dem Kriegsministerium formal herausgelöst und zu einer, auch offiziell, eigenständigen Behörde, die es de facto schon lange vorher war. Dies bedeutete den endgültigen Triumph des Militärkabinetts über den Kriegsminister und das Ende eines langen Kleinkriegs, hauptsächlich um Zuständigkeiten. Sein Chef nahm immer mehr die Rolle eines intimen militärischen Beraters des königlichen Oberbefehlshabers ein.

Ab 1885 besaß das Militärkabinett sogar noch mehr Einfluss, da es von diesem Jahr an zuständig war für die so genannten „Gnadensachen" (Verleihung von Orden, Nobilitation, finanzielle Zuwendungen aus dem kaiserlichen Vermögen etc.) und, weitaus bedeutender, für die Personalpolitik. "[41]. Im Einzelnen schloss diese Tätigkeit die Vorbereitung und Ausführung der Befehle des Herrschers, die Anstellung, Beförderung, Kommandierung, Belohnung, Bestrafung, Begnadigung und Verabschiedung aller Offiziere und Portepeefähnriche betrafen, die Bearbeitung von Gesuchen an den Monarchen, Unterstützungs-, Ordensangelegenheiten und Ehrengerichtssachen ein.

---

[40] Isabel V. Hull, The military entourage of Kaiser Wilhelm II. 1888-1918, Cambridge 1982, S. 208.
[41] Messerschmidt, Politische Geschichte, S. 297.

4. Monarch und militärische Reformen

4.1. Die preußischen Heeresreformen 1807-1815

Im Jahre 1806 wurde in Preußen eine Heeresreform auf den Weg gebracht, die aus mehreren einzelnen Reformen bestand und ihre Ursache in den vernichtenden Niederlagen von Jena und Auerstedt hatte. Sie zielte auf die „Abstellung verschiedener Mißbräuche bei der Armee" ab[42]. Friedrich Wilhelm III., der seine Hauptaufgabe darin sah, zu verhindern, dass sich die Vorgänge von 1806/07 wiederholten, leitete die Reformen persönlich durch das so genannte „Ortelsburger Publikandum" ein und zeichnete darüber hinaus für alle ihren wesentlichen Bestandteile verantwortlich, er wachte aber auch unerbittlich darüber, dass seine ererbte Stellung als oberster Kriegsherr in keiner Weise durch Maßnahmen der mit der Durchführung der Reformen beauftragten Militärs angetastet wurde. Die Heeresreformen waren nach Meinung des Königs unter anderem deshalb notwendig, weil es im vergangenen Krieg mit Frankreich zu schuldhaftem Verhalten von Offizieren gekommen sei, was zum Zusammenbruch der Armee beziehungsweise zur leichtfertigen und unnötigen Kapitulation von Festungen geführt habe. Dieser Vorwurf war nicht gänzlich unberechtigt, jedoch lagen die Wurzeln der Katastrophe von Jena und Auerstedt hauptsächlich in strukturellen Problemen innerhalb der preußischen Armee.

Friedrich Wilhelm III. ergriff die ersten Maßnahmen vor allem auf organisatorischem und taktischem Gebiet, denn in diesen Bereichen war Fachmann. Zusätzlich hatte er in militärischen Dingen einen sicheren Blick für die Notwendigkeiten. Die von ihm 1807 eingesetzte „Immediatkommission zur Untersuchung der Kapitulationen und sonstigen Ereignissen des letzten Krieges" und die ebenfalls vom König einberufene Militär-Reorganisationskommission (deren Schaffung die eigentliche Geburtsstunde der preußischen Heeresreformen markierte) unter der Leitung von Generalmajor Gerhard von Scharnhorst erhielten den Auftrag, die Mängel zu ermitteln, die zu den Niederlagen der alten Armee geführt hatten, und Vorschläge zu unterbreiten, in welchem „Geist" der Wiederaufbau des Heeres zu vollziehen sei. Offiziere, die während des Feldzuges Dienstpflichtverletzungen begangen hatten, waren „vom Dienst aus[zu]schließen und auf das Strengste zu bestrafen"[43]; Offiziere, „deren Betragen zweifelhaft geblieben" war, sollten ebenfalls zur Rechenschaft

---

[42] Karl Diefenbach, Historischer Überblick, in: Karl-Volker Neugebauer, Grundzüge der deutschen Militärgeschichte, Band 1, Freiburg 1993, S. 84.
[43] Neugebauer, Militärgeschichte, S. 85.

gezogen werden. Die beiden Kommissionen, die von Friedrich Wilhelm III. in einer eigenhändigen Niederschrift Richtlinien vorgegeben bekamen, die im Grunde genommen alle wesentlichen Bestandteile der späteren Heeresreform beinhalteten, fällten sieben Todesurteile, die jedoch nicht vollstreckt wurden, verurteilten eine größere Zahl von Offizieren zu lebenslänglicher Festungshaft (die allerdings 1814 begnadigt wurden) und veranlassten die unehrenhafte Entlassung von 208 Offizieren, darunter 17 Generalen, aus der Armee. Dieser Selbstreinigungsprozess innerhalb des preußischen Offizierkorps war ein wesentlicher Bestandteil der Heeresreform und schuf die Voraussetzungen für einen Neubeginn innerhalb der Armee. Scharnhorsts wichtigste Mitarbeiter bei der Ausarbeitung der Reformen waren August Neithardt von Gneisenau, Hermann von Boyen, Karl Wilhelm von Grolman, Carl von Clausewitz und Heinrich Friedrich Karl Reichsfreiherr vom und zum Stein.

Das zweite Kernstück des Reformwerks war die Einführung der allgemeinen Wehrpflicht, die von den Reformern forciert wurde, da „die Vereinigung aller moralischen und physischen Kräfte aller Staatsbürger" in der Armee der „günstigste Fall" sei[44]. Ziel war es, die innere Einheit zwischen Regierung, Heer und Nation herzustellen. Ursprünglich wollte Friedrich Wilhelm III. die überlieferte Militärverfassung beibehalten und das Kantonsystem (System der Wehrverwaltungsbezirke) nur umändern, indem die Exemtionen (Ausnahmen) eingeschränkt wurden, er ließ sich jedoch von einer Denkschrift des Majors von Lossau umstimmen und befürwortete von nun an die Einführung der Allgemeinen Wehrpflicht, durch welche die Nation einen kriegerischen Charakter erlangen würde, der „alle Mängel und Unvollkommenheiten" wettmachen könne. Ein Staat, „dessen Schatz das Vermögen der ganzen Nation und dessen Armee die Nation selbst ist", sei unbesiegbar[45].

Weitere Bestandteile der Heeresreform waren die Schaffung eines Kriegsministeriums, die Öffnung der Offizierslaufbahn für Männer bürgerlicher Herkunft, die Reform der Militärgerichtsbarkeit und die Abmilderung des Strafensystems.

Die preußischen Heeresreformen, die durch das abschließende Gesetzeswerk von 1814/15 beendet wurden, haben die preußische Armee in wesentlichen Teilen ihrer Verfassung und in vielen kleinen Einzelheiten neu gebildet. In dem Heer der allgemeinen Wehrpflicht wurde jeder Staatsbürger durch den Fahneneid dem König persönlich zu Treue und Gehorsam verpflichtet. Somit war der Monarch nicht nur oberster Kriegsherr einer neben dem Volk

---

[44] Stamm-Kuhlmann, König, S. 342.
[45] Stamm-Kuhlmann, König, S. 342/343.

stehenden Armee, sondern er verfügte darüber hinaus unbedingt über den Teil des Volkes, der unter Waffen stand und alle von der Wehrpflicht erfassten „Untertanen"[46].

Auch die Kriegführung an sich wurde reformiert. Die Prinzipien, die der König für die Reform der Taktik aufgestellt hatte, dienten der Militär-Reorganisationskommission als Arbeitsgrundlage für die neuen Ausführungsbestimmungen. Friedrich Wilhelm III. veranlasste, nach Empfehlungen Scharnhorsts, die gesamte Infanterie, nach französischem Vorbild, an das „Tiraillieren" zu gewöhnen, sie also in „aufgelöster" Fechtweise kämpfen zu lassen, was ihr die Möglichkeit geben würde, frei zu fechten und die Bodendeckung auszunutzen. Des Weiteren verlangte er von den Reformern, bei der Ausbildung der Soldaten besonders großen Wert auf eine umfassende Schießausbildung zu legen, was als unabdingbare Konsequenz und Voraussetzung der neuen Taktik der Infanterie gesehen werden muss.

Scharnhorst hob die Eigenständigkeit der Reformideen des Königs hervor. Friedrich Wilhelm III. hatte schon 1797 der, noch von seinem Vater eingesetzten, Immediat-Militärorganisationskommission eine von ihm selbst aufgesetzte Denkschrift über das preußische Heerwesen überreicht, die zwar noch keine Einsicht in die Notwendigkeit einer modernisierten Taktik erkennen ließ, aber schon die Missstände bei der Rekrutierung ansprach[47]. Zu dem Erzieher seines Sohnes Carl sagte der König, er habe schon vor dem Krieg eine durchgreifende Heeresreform gewollt, „allein ich wagte dies bei meiner Jugend und Unerfahrenheit nicht, und vertraute jenen beiden Veteranen [dem Herzog von Braunschweig und dem Feldmarschall Möllendorff] [...]"[48].

Neben der Verbesserung der Schlagkraft der Armee wollte der Prinzregent das Heer als eine vom Volk geschiedene Körperschaft erhalten und verfolgte mit der Reorganisation das Ziel, die Armee als die zuverlässige Stütze der monarchischen Gewalt zu stärken[49].

4.2. Die Heeresreorganisation von 1859/60

Nach dem Scheitern der Revolution von 1848/49 wurde in den Jahren 1859 und 1860 in Preußen eine weitere Heeresreform, die sogenannte Heeresreorganisation, unter anderem auf Drängen der führenden preußischen Militärs, in die Wege geleitet, die eine Umgestaltung des seit 1814/15 bestehenden Militärsystems zur Festigung der inneren und äußeren Machtpositionen des preußischen Staates zum Ziel hatte. Außerdem sollte das Heerwesen den

---

[46] Neugebauer, Militärgeschichte, S. 84/85; Wohlfeil, Vom stehenden Heer, S. 102/103.
[47] Stamm-Kuhlmann, König, S. 340.
[48] Stamm-Kuhlmann, König, S. 341.
[49] Börner, Wilhelm I., S. 142.

neuen militärtechnischen Bedingungen angepasst, das Stehende Heer verstärkt, die Landwehr verjüngt und zahlenmäßig verstärkt und das Gewicht der Landwehr in der preußischen Armee verringert werden. Der Thronfolger Prinz Wilhelm von Preußen, der spätere Wilhelm I., der 1858 als Prinzregent die Regentschaft für seinen nicht mehr regierungsfähigen Bruder übernommen hatte, war maßgeblich an dieser Reform beteiligt und arbeitete von Beginn seiner Regentschaft zielstrebig auf diese hin. Die Arbeit an den Reorganisationsentwürfen fand unter der Leitung des Kriegsministers Graf Albrecht von Roon statt. Das Kernstück der Reform war die Verschmelzung der Landwehr mit der Linienarmee, dass heißt ihre Aufhebung als selbständiger Teil der Armee, primär aus innenpolitischen Motiven, da die Landwehr, im Gegensatz zur Linie, als liberal und politisch unzuverlässig galt, aber auch aus außenpolitischen und militärfachlichen Gründen. Auch die bei den Mobilmachungen 1850 und 1859 hervorgetretenen Mängel in Organisation, Ausbildung und Ausrüstung lieferten viele Argumente für die Notwendigkeit der Heeresreorganisation.

Seit 1815 war die zahlenmäßige Stärke der Linie im Wesentlichen gleich geblieben, im gleichen Zeitraum aber war die Gesamtbevölkerung und damit die Zahl der wehrpflichtigen Männer stark angewachsen. Das bedeutete, dass der Anteil der tatsächlich Ausgehobenen drastisch gesunken war. Dies wiederum wirkte sich direkt auf die Altersstruktur der Landwehr aus, da bei einer Mobilmachung gediente Ältere eingezogen wurden, während immer mehr ungediente jüngere zu Hause blieben. Des Weiteren machten die waffentechnischen und taktischen Fortschritte eine Verjüngung des Feldheeres erforderlich, weshalb die Dienstpflicht von 19 auf 12 Jahre herabgesetzt wurde.

Die Heeresreorganisation war auch verbunden mit einer durchgängigen Neubewaffnung der Infanterie mit Zündnadelgewehren und der Artillerie mit gezogenen Geschützrohren, sowie mit einer Verbesserung der Taktik, Planung und Operationsführung. Mit ihr wurde eine wichtige Voraussetzung für den preußischen Sieg im preußisch-österreichischen Krieg geschaffen[50].

Der Prinzregent Wilhelm verfolgte mit der Heeresreorganisation auch die Absicht, seine Position nach der Revolution von 1848/49 zu sichern und das Militär zu einem besseren Rückhalt bei „Putschversuchen", gemeint waren erneute Revolutionen, zu machen. Weitere innenpolitische Ziele waren die Abdrängung der Landwehr in die Reserve und die Wahrung des extrakonstitutionellen Charakters der Armee als Machtfaktor der Krone.

Die Heeresreorganisation stieß im Parlament, das als Inhaber des Budgetrechts dieser zustimmen musste, da sie eine Erhöhung des Militäretats erforderlich machte, auf Widerstand.

---

[50] Militärverlag, Wörterbuch, S. 288/289; Neugebauer, Militärgeschichte, S. 150/151.

Große Teile der Nationalversammlung forderten die Verringerung der Dienstzeit auf zwei Jahre, waren gegen eine Zurückdrängung der Landwehr und verlangten eine Erweiterung ihres Budgetrechts. Der König empfand dies als Einmischung in seine Kommandogewalt. Dieser preußische Verfassungskonflikt wurde erst im Zuge des Deutschen Krieges 1866 beigelegt.

Die Reorganisation der preußischen Armee durch Wilhelm I. und den Kriegsminister von Roon schuf die Struktur der bewaffneten Macht, die im Ergebnis Deutschlands Armee vor dem Weltkrieg zur vielberufenen „besten der Welt" gemacht hat[51].

Auch die übrigen Monarchen initiierten Veränderungen innerhalb der Armee, allerdings nicht im gleichen Umfang wie dies durch die preußischen Heeresreformen von 1807-1815 und die Heeresreorganisation 1859/60 geschehen ist. Friedrich Wilhelm II. zum Beispiel rief den Vorgänger des Kriegsministeriums, das Oberkriegskollegium, ins Leben und veranlasste diverse Neuerungen, vor allem auf organisatorischem Gebiet. Der Tod hinderte ihn jedoch daran, auf diesem Gebiet noch tätiger zu werden[52].

Es ist auffällig, dass die preußischen Monarchen organisatorische Reformen innerhalb der Armee häufig selbst initiierten oder doch zumindest in ihnen partizipierten, jedoch Wandlungen bei Strategie und Taktik der preußischen Streitkräfte im Krieg an sich fast ausschließlich von den hohen preußischen Militärs auf den Weg gebracht wurden. Lediglich Friedrich Wilhelm III. engagierte sich im strategisch-taktischen Bereich, als er unmittelbar nach den Niederlagen von Jena und Auerstedt im Zuge der preußischen Heeresreformen zwei Denkschriften ausarbeitete, in denen er auf das zerstreute Gefecht und die Kolonne als Angriffsform hinwies. Vor allem Wilhelm II. scheint geradezu ignorant bezüglich notwendiger Änderungen innerhalb der Armee, vor allem im taktischen Bereich, und den Möglichkeiten, die der technische Fortschritt den Streitkräften eröffnete, gewesen zu sein[53].

---

[51] Messerschmidt, Politische Geschichte, S. 182.
[52] Bissing, Friedrich Wilhelm II., S. 165-167.
[53] Röhl, Kaiser, S. 185.

5. Resümee

Monarch und Militär standen in einem wechselseitigen Abhängigkeitsverhältnis. Sie benötigten sich gegenseitig, um ihre Machtstellung zu sichern oder auszubauen. Das wussten beide und verhielten sich dementsprechend. Der Monarch brauchte das Militär zur Kriegführung (Verteidigung des Landes, Durchsetzung außen- und militärpolitischer Machtinteressen) und zur Unterdrückung potentieller Unruhen und Revolutionen. Das Militär wiederum benötigte den Monarchen zur Sicherung und zum Ausbau seiner innenpolitischen Machtstellung.

Keiner der preußischen Herrscher des langen 19. Jahrhunderts war das, was man als einen Kriegstreiber bezeichnen würde. Wilhelm I. und Wilhelm II. kann man jedoch guten Gewissens als Militaristen charakterisieren. Natürlich spielte alles Militärische im Europa des 19. Jahrhunderts, zumal in einem Militärstaat wie Preußen, eine entscheidende Rolle. Schon die Erziehung der jungen Kronprinzen spiegelt den militärischen Charakter des Staates wider, der eine Überlebensfrage für Preußen war. Deshalb ist es umso verwunderlicher, dass zumindest drei der preußischen Könige des 19. Jahrhunderts eher uninteressiert in militärischen Dingen waren und somit dem Stereotyp des kriegerischen und militaristischen preußischen Herrschers nicht entsprachen. Das Verhältnis von Monarch und Militär wurde über die verschiedenen militärischen Institutionen definiert und kommuniziert. Somit war es relativ gut zu bestimmen.

Abschließend kann man konstatieren, dass der Herrscher und seine Armee, sieht man von Bismarck unter Wilhelm I. ab, die beiden bestimmenden Stützpfeiler des preußischen Staates waren.

Literaturverzeichnis

1. Wilhelm Moritz von Bissing, Friedrich Wilhelm II., König von Preußen. Ein Lebensbild, Berlin 1967.

2. Walter Bußmann, Zwischen Preußen und Deutschland. Friedrich Wilhelm IV. Eine Biographie, Berlin 1990.

3. Karl-Heinz Börner, Kaiser Wilhelm I. 1797-1888. Deutscher Kaiser und König von Preußen. Eine Biographie, Köln 1984.

4. Wilhelm Deist (Hrsg.), Militär, Staat und Gesellschaft. Studien zur preußisch-deutschen Militärgeschichte, München 1991.

5. Karl Diefenbach, Historischer Überblick, in: Karl-Volker Neugebauer, Grundzüge der deutschen Militärgeschichte, Band 1, Freiburg 1993.

6. Siegfried Fiedler, Kriegswesen und Kriegführung im Zeitalter der Einigungskriege, in: Georg Ortenburg (Hrsg.), Heerwesen der Neuzeit, Abteilung IV, Das Zeitalter der Einigungskriege, Band 2, Bonn 1991.

7. Paul Habermann/Gisela Habermann, Friedrich Wilhelm III. König von Preußen, im Blick wohlwollender Zeitzeugen, Schernfeld 1990.

8. Franz Herre, Kaiser Wilhelm I. Der letzte Preuße, Köln 1980.

9. Isabel V. Hull, The entourage of Kaiser Wilhelm II. 1888-1918, Cambridge 1982.

10. Frank-Lothar Kroll (Hrsg.), Preußens Herrscher. Von den ersten Hohenzollern bis Wilhelm II., München 2000.

11. Thomas Stamm-Kuhlmann, König in Preußens großer Zeit. Friedrich Wilhelm III. Der Melancholiker auf dem Thron, Berlin 1992.

12. Manfred Messerschmidt, Die politische Geschichte der preußisch-deutschen Armee, in: Militärgeschichtliches Forschungsamt, Handbuch der deutschen Militärgeschichte 1648-1938, Band IV, Militärgeschichte im 19. Jahrhundert. 1814-1890, Erster Teil, München/Freiburg 1964-1979.

13. Militärverlag der Deutschen Demokratischen Republik, Wörterbuch zur deutschen Militärgeschichte, Berlin 1985.

14. John C. G. Röhl (Hrsg.), Der Ort Kaiser Wilhelms II. in der deutschen Geschichte, München 1991.

15. John C. G. Röhl, Wilhelm II., Band 2, Der Aufbau der persönlichen Monarchie. 1888-1900, München 2001.

16. Wiegand Schmidt-Richberg, Die Regierungszeit Wilhelms II., in: Militärgeschichtliches Forschungsamt, Handbuch der deutschen Militärgeschichte 1648-1938, Band V, Von der Entlassung Bismarcks bis zum Ende des Ersten Weltkriegs. 1890-1918, München/Freiburg 1964-1979.

17. Rainer Wohlfeil, Vom Stehenden Heer des Absolutismus zur Allgemeinen Wehrpflicht. 1789-1814, in: Militärgeschichtliches Forschungsamt, Handbuch der deutschen Militärgeschichte 1648-1938, Band II, München/Freiburg 1964-1979.

BEI GRIN MACHT SICH IHR WISSEN BEZAHLT

- Wir veröffentlichen Ihre Hausarbeit,
  Bachelor- und Masterarbeit

- Ihr eigenes eBook und Buch -
  weltweit in allen wichtigen Shops

- Verdienen Sie an jedem Verkauf

Jetzt bei www.GRIN.com hochladen und kostenlos publizieren